정월 영묘사

박 잠 시조집

정월 영묘사

초판1쇄 **인쇄**| 2019년 6월 25일
초판1쇄 **발행**| 2019년 6월 30일

글쓴이|박잠
펴낸이|장호병
펴낸곳|북랜드
06252 서울 강남구 강남대로 320 황화빌딩 1108호
대표전화 (02) 732-4574 | (053) 252-9114
팩시밀리 (02) 734-4574 | (053) 252-9334

등록일| 1999년 11월 11일
등록번호| 제13-615호
홈페이지| www.bookland.co.kr
이-메일| bookland@hanmail.net

책임편집| 김인옥
교 열| 배성숙 전은경

ISBN 978-89-7787-872-3 03810
ISBN 978-89-7787-873-0 05810(E-book)

값 10,000 원

정월 영묘사

박잠 시조집

북랜드

□ 작가의 말

나의 時調가 물들일 하늘을 가늠해 본다.

이천 일십 구년 오월

경주 사제사 옛터에서 박 잠

차례

2부 정월 영묘사靈廟寺

3부 도道

4부 옹기의 시간

5부 우체통의 꿈

1
섶마을에서

仙巖書堂

천전리川前里 각석刻石

공룡이 거닐다가 우두커니 서서 보던

돌 하나 오랜 세월 약속으로 남겨지고

빗물에 몸을 씻으며 굳은살 곱게 편다

섶마을*에서

비단내 건너서 만화정萬和亭에 오르니
선비는 간곳없고 낙엽만 댓돌에 이네
인생이 추풍秋風인 줄은 세월만이 알겠구나

섶 따라 높은 대 위에 선암서원仙巖書院 앉았다
묵향墨香 그윽하니 찬 서리 간곳없다
옛 선비 그늘에 누우니 시詩가 절로 솟구친다

* 경북 청도군 금천면 신지리

언제 또 다시 오랴 주인 떠난 빈집들이여!
바람도 심심해야 찾아오려 할 터인데
세월이 더께로 남아 잔주름만 느는구나

단종端宗을 그리며

한여름 청령포淸泠浦로 단종端宗 어소 찾으면
노송老松이 등을 굽혀 변함없는 충절忠節로
오는 이 가는 이마다 슬픈 사연 전한다

이내 발길 머무는 곳 고혼孤魂의 숨결인 듯
바람도 맴돌다가 잦아드는 고운 자리
어린 님 애끓는 울음 솔향기에 묻어온다

패랭이꽃

가난한 마음들이 꽃불로 피어나서
저문 들녘 돌 틈 사이 붉게 붉게 맺혔다가
지축이 흔들릴 때마다 소리 내어 운다더라

임진년壬辰年 그날에도 패랭이꽃 울어 울어
홍의장군紅衣將軍* 깃발 아래 뜬눈으로 지새다가
새벽강 안개 속에서 승전고勝戰鼓 들었다더라

* 임진왜란 때 의병을 일으켰던 곽재우 장군으로, 전장에 나가 붉은 옷을 입고 선봉에 서서 싸웠다 하여 붙여진 이름.

노계蘆溪*에 들다

한겨울 찬바람에 시냇물 얼어붙어
도화유수桃花流水 별유천지別有天地 비인간非人間도 옛일이라
누항사陋巷詞 지으신 뜻을 어디 가서 알아보랴

나라가 어려울 때 전장에 나아갔고
백성이 편안할 때 배움에 전념하던
선생의 그 자취마다 효제충신孝弟忠信 따른다

---

* 가사문학의 대가 조선시대 박인로의 호

청빈을 자랑하던 생전의 모습대로
연당에 산그림자 살며시 들여놓고
세상일 다 잊은 채로 달빛 아래 노닐더라

난계蘭溪* 오영수

큰 별 옛 고을을 이야기로 풀어내면
마른 강 언저리가 쪽빛으로 적셔 오고
무지개 골짜기마다 요람으로 덮는다

오로지 민족 앞에 바른 기틀 세우고자
한 붓으로 원願을 세워 큰 별을 지켰네
그 이름 오롯이 남아 난계蘭溪를 비추네

---

* 울산 언양 출신의 소설가 오영수 선생의 호

옛 벗

쌀바우* 바라보며 어린 시절 보냈는데
이순耳順을 따라가다 밝은 뫼 다가선다
남은 해 손마디 재며 추억을 더듬는다

벗이여 어디선들 잊고 살 수 있겠느냐
남천에 멱감고 고헌산高獻山** 오르며
눈감고 뒷걸음칠 때 구름과 한몸이던 것을.

---

* 가지산(해발 1,240m) 소재 바위 이름으로, 전설에 따르면 바위에서 쌀이 나왔다고 함.

** 울산 상북면과 두서면에 걸쳐 있는 산. 해발 1,033m.

2

정월 영묘사靈廟寺

창림사터 삼층석탑
무아
일성왕릉 소고
정월 영묘사
처용아비
대왕암
부처님 오신 날
연꽃바위

창림사터 삼층석탑

오디나무 까만 열매 다투어 투신하는
논둑길 아스라이 옛 성터를 더듬으면
시원始原으로 흐르는 도랑 문득 앞을 막아선다

솔숲으로 이어지는 망각의 강을 건너
석축들 반신半身으로 피어나는 좁은 길 끝
이끼 낀 탑신塔身 하나가 반딧불로 서 있다

무아無我

서라벌 서남산 기슭 사제사四祭寺 옛터
흰 두루미 두 마리 논두렁에 앉았다
온종일 황사비 맞고 초파일을 보낸다

연등도 없고 부처님도 떠난 지 오래
흰구름 먹구름만 번갈아 머물다 가는
절터엔 불성佛性이 깃든 새소리가 종소리다

일성왕릉逸聖王陵 소고小考

왕릉 가는 길에 남간사지 당간 지주
협곡으로 이어지는 호젓한 연못 하나
그 위에 둥둥 떠 있는 님을 누구라 부르리까?

해목령蟹目嶺 아래라서 경애왕릉景哀王陵이라 할까?
헌강왕憲康王의 서자庶子였던 효공왕孝恭王의 능묘일까?
님 모습 보이지 않고 이름만 무성하다

정월 영묘사靈廟寺

사람 얼굴 수막새 영묘사 옛터에서
신라 천년 미소로 우리 앞에 찾아왔네
눈썹달 곱게 떠올라 미타도량 비춘다

하고픈 이야기 다 들을 수 없어라
선덕 여왕 행차할 때 심화요탑心火遶塔 지귀 사연
그을린 바윗돌 하나 원혼冤魂인 듯 남았다

스쳐 간 인연들이 하나 둘 다시 와서
천경림天鏡林 저녁 어스름 맨발로 머문다
서천西天에 떠오른 님아 굽어 살펴 보옵소서

처용아비

동해라 처용암이 그대 살던 곳이라지
아비는 용왕이고 서자로 태어나서
헌강왕 행렬 따라서 서라벌로 입성했네

밤마다 달빛 아래 춤추고 노래하다
역신과 동침하는 아내를 발견하니
헌강왕 하사한 아내 그대 소관 아니네

가슴은 멍이 들고 얼굴은 붉어오니
뒷사람 탈 만들어 그대 모습 기억하고
처용가 처용춤으로 그대 마음 위로하네

대왕암

파도치면 바위도 끄덕끄덕 했겠지
포말의 기울기로 다듬어진 몸뚱이
유형은 무형의 힘에 바위꽃을 피웠네

수억 년 파도가 변함없이 어루만져
바위꽃 이름을 얻어 대왕암이 되었는데
인생은 뉘를 만나서 불멸을 얻어낼까

부처님 오신 날

비 듣자 남산이 한 걸음 물러앉고

삼릉 솔숲이 수묵으로 다가온다

누구의 붓질이었나, 앞서간 바람뿐인데

연꽃바위

바위에 연꽃 새긴 그 마음 알아보면
날짐승 들짐승마저 부처님의 가피 입고
중생이 불보살 되는 세상 되게 한 뜻이라

나 또한 맑은 봄에 연암으로 건너와서
햇볕 가득 모여 앉은 낮은 자리 바라보니
각색 꽃 활짝 피어나 평화롭기 그지없다

피었다 지는 인생 나뿐만이 아니거늘
오늘은 나도 몰라 슬픔마저 감미롭다
이 내 심사 죽는 날까지 고이 간직하련다

3

도道

농장일기 1

— 夫婦

오늘 만난 그대는 도인道人의 풍모인데
나는 아직 인간사에 번민하는 소인이네
귓가의 흰 머리카락 무심한 세월이여!

달빛 받아 더 고요한 그대의 마음밭에
마늘보다 깊은 마음 일가一家를 이루리라
초록 잎 일심동체一心同體로 한겨울과 마주하듯

농장일기 2

— 탱자

가을 강 깊게 흘러 노을 속에 잠들면
가시에 맺힌 탱자 노랗게 커오다가
소소한 마음 비추는 귀여운 달이 된다

하루해가 고픈 시간 별이 놀러 오는 시간
내 마음 가시밭길 탱자를 품노라면
환해진 골목길 어귀 어제처럼 그립다

솔밭 위의 식사

소나무 사이 사이 돼지감자 심었더니

밤마다 찾아오는 멧돼지들 천국이네

고라니 풀숲에 숨어 침만 꼴깍 삼키더라

우렁각시

농촌총각 홀로 사니 논우렁 따라와서

밥하고 빨래하고 각시처럼 도와준다

모른 척 궁금해 말고 그럭저럭 살아요.

만종晩鐘

한여름 무더위로 뜨거워진 마늘밭

이삭을 주우리라 허리 굽히면

은은한 저녁 종소리 손 안에 가득 찬다

오카리나 소리

새들을 기다려도 오지 않는 날에는
두 손에 오카리나 입으로 전하는 바람
상념은 나래를 펴고 초록길 떠나가네

지평선 그 어드메 새들이 머무는 곳
길 떠난 내 마음 돌아가기 어렵구나
새들과 모여 앉아서 도란거리고 싶을 뿐

도道

면벽한 노승이 앉아 구만리를 구경하다
눈 뜨고 잠든 나를 바라보며 하는 말이
영혼이 육체에 박혀 꼼짝을 못 하누나

육체를 넘나드는 영혼을 갈고 닦아
장자莊子의 나비 되어 경계를 허문다면
나비가 장자莊子꿈 꾸는 세상은 살 만할까

4

옹기의 시간

난초

고항집 우물가에 난초 잎이 구성지다
누추한 담벼락이 제 그림자 드리우면
노란 꽃 속살 비추어 풍경화를 연주한다

비 온 뒤 잎새마다 빗방울 맺혔다
햇살이 따라올까 서둘러 굴러가면
그 사이 말개진 하늘 잎맥으로 스민다

용기의 시간

투구랑 갑옷이랑 무장한 군사들이
척화비로 방방곡곡 조국을 지킨다
외세는 장맛으로도 막아낼 수 있다면서

투구는 벗어둔 채로 하품하는 용사들
초여름 흰 달빛에 버선발이 눈부시다
우물가 앵두 꽃잎도 잠들지 못하는 밤

해와 달이 교차하며 천천히 발효시킨
소금물에 담근 메주 걸러내면 된장이라
퍼내고 꾹꾹 다져야 한해살이 걱정 없다

사계절 겨레 음식 못 담을 것 없는데도
플라스틱 용기들에 자리를 내주었네
장맛은 주인을 찾아 먼 길 마다 않는데

명선도*

달빛이 눈부시게 바다를 적셔오면
명선도 눈썹으로 아스라이 떠오른다
밀물도 썰물도 함께 적요로 잠든 밤

그대 깊이 든 잠 발끝으로 걸어가다
꿈길에 만난다면 무슨 인사 나눌까
동백꽃 떨어진 자리 눈물꽃이 피어나네

* 울산시 서생면 진하 바다에 있는 작은 섬.

돌아누운 밤 끝자락 빈 바다에 가 닿으면
명선도 발밑으로 속울음 자아내고
물안개 피워올리며 해맞이로 바쁘다

바다

머릇빛 해안선이 파도에 부풀어
돛단배 팔분음표 창문 밖에 걸렸네
갈매기 풍금에 앉아 목 놓아 울음 운다

고깃배 그물만 싣고 고향에 돌아오고
먼 바다로 떠난 이들 소식이 감감하여
아이들 보랏빛 편지 우표 없이 보낸다

갈매기 큰 날갯짓 파도가 따라가다
해맑은 수평선에 두 어깨를 내려놓으면
드넓은 가슴이 안아 자궁으로 품는다.

채송화

울 밑 뙤약볕에 앉은키로 땀 흘리며
오가는 이들마다 눈빛 나눠 인사하네
실바람 간지럼에는 까르르 웃기도 하며

빈손과 노숙에도 고개 숙인 너의 젊음
수상한 발자국이 네 영토를 짓밟아도
향기로 감싸 안으며 키를 더욱 낮추네

보름달

아침에 자러 가고 저녁에는 놀러 와선

누리에 빛을 뿌려 마음밭을 일궈주니,

온 마음 복밭이 되어 웃음꽃을 피운다

손

왼손이 바른손보다 더 곱고 예쁜 것은
바른손이 세상풍파 다 막아 준 때문이지
한몸에 달린 두 손이 어찌 이리 다를까

왼손이 바른손을 꼬옥 잡아 주면서
한 해를 사는 동안 수고 많았노라 하니
이제야 그 마음 알아 다행이라 답해주네

매화

누구의 낯빛이기에 이다지도 환한가
너를 보고 웃어 볼게 내가 그리 좋은 거야?
마당에 의연히 서서 먹빛 가슴 걷어낸다

대지는 목마르고 먼 산 아직 부우옇다
너 혼자 찾아오긴 제법 먼 길이었겠지
개나리 허둥거리며 골목길로 오는구나

5
우체통의 꿈

꿈
사도
풍선
교실
필생
논어를 공부하는 시간
우체통의 꿈

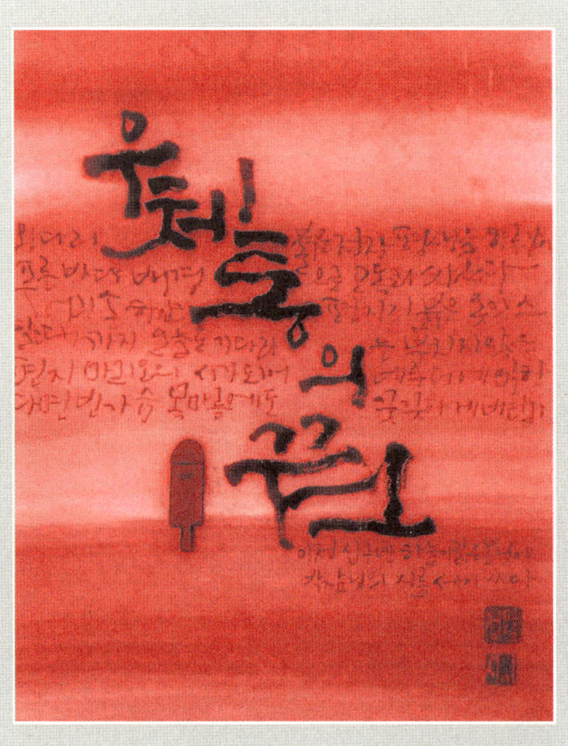
우체통의 꿈

꿈

대보름 달빛 아래 호젓한 길 걸어가다

네 마음 내 마음 서로서로 비추면

두 마음 환해지듯 우리 꿈도 보이겠네

사도師道

거울 속 이 모습이 어릴 적 내 꿈인가
아무리 물어봐도 메아리로 돌아오네
평생을 걸고서라도 듣고 싶은 그 대답

스승이 되라시던 아버지의 그 말씀
착한 사람 되고팠던 어릴 적 내 작은 꿈
아버지 말씀을 따라 구도의 길 걸어간다

아직도 머나먼 길 가르치고 배우는 일
착하게 살다 보면 가시밭도 예쁜 꽃길
마음속 거울에 물어 깊은 울림 들어본다

풍선

한 숨 불어넣은 풍선이 떠오를 제
내 마음 둥둥 떠서 하늘 길 떠나간다
나무꾼 버려둔 채로 떠나는 선녀처럼

드높이 떠올라야 제 몫을 다한 듯
돌아오지 못해야 모든 꿈을 이룬 듯
한 하늘 되는 길 알아 속세는 발아래로다

교실

마알간 늦가을이 창문 앞에 멈춰 선다

아이들 환한 웃음 와르르 쏟아져 내려

은행잎 햇살로 퍼져 책갈피로 숨는다

필생筆生

먹물과 함께라면 어딜 가도 상관없어

선비의 손끝에서 의로운 삶을 사니

그 붓이 다니는 길은 눈부시게 환하다

논어論語를 공부하는 시간

— 학이學而편

강물은 흘러 흘러 바다로 간다 하고

좋은 글 시나브로 모둠살이 돕는다 하니

배우고 익히는 이 일 멈출 수가 없구나

우체통의 꿈

외다리 붉은 정장 평생을 하루같이
푸른 바다 배경으로 고독과 싸운다
어린 손 하얀 편지지 붉은 옷깃 스칠 때까지

오늘도 기다리는 부치지 않은 편지
마리오*의 시가 되어 네루다에 읽힌다면
빈 가슴 목마름에도 꿋꿋하게 버티리

* 소설 「파블로 네루다와 우편배달부」에 등장하는 주인공 우편 배달부의 이름.